Tendresses Impériales

Napoléon Bonaparte

TENDRESSES IMPÉRIALES

LETTRES DU GÉNÉRAL EN CHEF

DE L'ARMÉE D'ITALIE

LETTRE I

À Joséphine, à Milan.

Je reçois ta lettre, mon adorable amie; elle a rempli mon cœur de joie. Je te suis obligé de la peine que tu as prise de me donner de tes nouvelles; ta santé doit être meilleure aujourd'hui; je suis sûr que tu es guérie. Je t'engage fort à monter à cheval, cela ne peut pas manquer de te faire du bien.

Depuis que je t'ai quittée, j'ai toujours été triste. Mon bonheur est d'être près de toi. Sans cesse je repasse dans ma mémoire tes baisers, tes larmes, ton aimable jalousie, et les charmes de l'incomparable Joséphine allument sans cesse une flamme vive et brûlante dans mon cœur et dans mes sens. Quand, libre de toute inquiétude, de toute affaire, pourraije passer tous mes instants près de toi, n'avoir qu'à t'aimer, et ne penser qu'au bonheur de te le dire et de te le prouver? Je t'enverrai ton cheval; mais j'espère que tu pourras me rejoindre. Je croyais t'aimer il y a quelques jours; mais, depuis que je t'ai vue, je sens que je t'aime mille fois plus encore. Depuis que je te connais, je t'adore tous les jours davantage: cela prouve combien la maxime de La Bruyère, que l'amour vient tout d'un coup, est fausse. Tout, dans la nature, a un cours et différents degrés d'accroissement. Ah! je t'en prie, laissemoi voir quelquesuns de tes défauts; sois moins belle, moins gracieuse, moins tendre, moins bonne surtout; surtout ne sois jamais jalouse, ne pleure jamais; tes larmes m'ôtent la raison, brûlent mon sang. Crois bien qu'il n'est plus en mon pouvoir d'avoir une pensée qui ne soit pas a toi, et une idée qui ne te soit pas soumise.

Reposetoi bien. Rétablis vite ta santé. Viens me rejoindre; et, au moins, qu'avant de mourir, nous puissions dire: «Nous fûmes tant de jours heureux!!»

Millions de baisers et même à Fortuné, en dépit de sa méchanceté.

Bonaparte.

LETTRE II

À Joséphine, à Milan.

J'ai passé toute la nuit sous les armes. J'aurais eu Mantoue par un coup hardi et heureux; mais les eaux du lac ont promptement baissé, de sorte que ma colonne qui était embarquée n'a pu arriver. Ce soir, je recommence d'une autre manière, mais cela ne donnera pas des résultats aussi satisfaisants.

Je reçois une lettre d'Eugène, que je t'envoie. Je te prie d'écrire de ma part à ces aimables enfants et de leur envoyer quelques bijoux. Assureles bien que je les aime comme mes enfants. Ce qui est à toi ou à moi se confond tellement dans mon cœur, qu'il n'y a aucune différence.

Je suis fort inquiet de savoir comment tu te portes, ce que tu fais. J'ai été dans le village de Virgile, sur les bords du lac, au clair argentin de la lune, et pas un instant sans songer à Joséphine!

L'ennemi a fait le une sortie générale; il nous a tué ou blessé deux cents hommes, il en a perdu cinq cents en rentrant avec précipitation.

Je me porte bien. Je suis tout à Joséphine, et je n'ai de plaisir ni de bonheur que dans sa société.

Trois régiments napolitains sont arrivés à Brescia; ils se sont séparés de l'armée autrichienne, en conséquence de la convention que j'ai conclue avec M. Pignatelli.

J'ai perdu ma tabatière; je te prie de m'en choisir une un peu plate, et d'y faire écrire quelque chose dessus, avec tes cheveux.

Mille baisers aussi brûlants que tu es froide. Amour sans bornes et fidélité à toute épreuve. Avant que Joseph parte, je désire lui parler.

Bonaparte.

LETTRE III

À Joséphine, à Milan.

Marmirolo, er thermidor an iv (juillet).

Il y a deux jours que je suis sans lettres de toi. Voilà trente fois aujourd'hui que je me suis fait cette observation, tu sens que cela est bien triste; tu ne peux pas douter cependant de la tendre et unique sollicitude que tu m'inspires.

Nous avons attaqué hier Mantoue. Nous l'avons chauffée avec deux batteries à boulets rouges et des mortiers. Toute la nuit cette misérable ville a brûlé. Ce spectacle était horrible et imposant. Nous nous sommes emparés de plusieurs ouvrages extérieurs, nous ouvrons la tranchée cette nuit. Je vais partir pour Castiglione demain avec le quartier général, et je compte y coucher.

J'ai reçu un courrier de Paris. Il y avait deux lettres pour toi; je les ai lues. Cependant, bien que cette action me paraisse toute simple et que tu m'en aies donné la permission l'autre jour, je crains que cela ne te fâche, et cela m'afflige bien. J'aurais voulu les recacheter: fi! ce serait une horreur. Si je suis coupable, je te demande grâce; je te jure que ce n'est pas par jalousie; non, certes, j'ai de mon adorable amie une trop grande opinion pour cela. Je voudrais que tu me donnasses permission entière de lire tes lettres; avec cela il n'y aurait plus de remords ni de crainte.

Achille arrive en courrier de Milan; pas de lettres de mon adorable amie! Adieu, mon unique bien. Quand pourrastu venir me rejoindre? Je viendrai te prendre moimême à Milan.

Mille baisers aussi brûlants que mon cœur, aussi purs que toi.

Je fais appeler le courrier; il me dit qu'il est passé chez toi, et que tu lui as dit que tu n'avais rien à lui ordonner. Fi! méchante, laide, cruelle, tyranne, petit joli monstre! Tu te ris de mes menaces, de mes sottises; ah! si je pouvais, tu sais bien, t'enfermer dans mon cœur, je t'y mettrais en prison.

Apprendsmoi que tu es gaie, bien portante et bien tendre.

Bonaparte.

3

LETTRE IV

À Joséphine, à Milan.

Castiglione, le thermidor an iv, heures du matin (juillet).

J'espère qu'en arrivant ce soir je recevrai une de tes lettres. Tu sais, ma chère Joséphine, le plaisir qu'elles me font, et je suis sûr que tu te plais à les écrire. Je partirai cette nuit pour Peschiera, pour les montagnes de..., pour Vérone et de là j'irai à Mantoue et peutêtre à Milan, recevoir un baiser, puisque tu m'assures qu'ils ne sont pas glacés; j'espère que tu seras parfaitement rétablie alors, et que tu pourras m'accompagner à mon quartier général pour ne plus me quitter. N'estu pas l'âme de ma vie et le sentiment de mon cœur?

Tes protégés sont un peu vifs, ils sentent l'ardent. Combien je leur suis obligé de faire en eux quelque chose qui te soit agréable. Ils se rendront à Milan. Il faut en tout un peu de patience.

Adieu, belle et bonne, toute non pareille, toute divine; mille baisers amoureux.

Bonaparte.

LETTRE V

À Joséphine, à Milan.

Castiglione, thermidor an iv (juillet).

Les besoins de l'armée exigent ma présence dans ces environs; il est impossible que je puisse m'éloigner jusqu'à venir à Milan; il me faudrait cinq à six jours et il peut arriver pendant ce tempslà des mouvements où ma présence pourrait être urgente ici.

Tu m'assures que ta santé est bonne; je te prie en conséquence de venir à Brescia. J'envoie à l'heure même Murat pour t'y préparer un logement dans la ville, comme tu le désires.

Je crois que tu feras bien d'aller coucher le à Cassano, en partant fort tard de Milan, et de venir le à Brescia, où le plus tendre des amants t'attend. Je suis désespéré que tu puisses croire, ma bonne amie, que mon cœur puisse s'ouvrir à d'autres qu'à toi; il t'appartient par droit de conquête et cette conquête sera solide, et éternelle. Je ne sais pourquoi tu me parles de Mme Te..., dont je me soucie fort peu, ainsi que des femmes de Brescia. Quant à tes lettres qu'il te fâche que j'ouvre, celleci sera la dernière; ta lettre n'était pas arrivée.

Adieu, ma tendre amie, donnemoi souvent de tes nouvelles. Viens promptement me joindre et sois heureuse et sans inquiétude; tout va bien, et mon cœur est à toi pour la vie.

Aie soin de rendre à l'adjudant général Miollis la boîte de médailles qu'il m'écrit t'avoir remise. Les hommes sont si mauvaise langue et si méchants qu'il faut se mettre en règle sur tout.

Santé, amour et prompte arrivée à Brescia.

J'ai à Milan une voiture à la fois de ville et de campagne; tu te serviras de cellelà pour venir. Porte avec toi ton argenterie et une partie des objets qui te sont nécessaires. Voyage à petites journées et pendant le frais, afin de ne pas te fatiguer. La troupe ne met que trois jours pour se rendre à Brescia. Il y a, en poste, pour quatorze heures de chemin. Je t'invite à coucher le à Cassano; je viendrai à ta rencontre le , le plus loin possible.

Adieu, ma Joséphine. Mille tendres baisers.

LETTRE VI

À Joséphine, à Milan.

Brescia, le fructidor an iv (août).

J'arrive, mon adorée amie, ma première pensée est de t'écrire. Ta santé et ton image ne sont pas sorties un instant de ma mémoire pendant toute la route. Je ne serai tranquille que lorsque j'aurai reçu des lettres de toi. J'en attends avec impatience. Il n'est pas possible que tu te peignes mon inquiétude. Je t'ai laissée triste, chagrine et demimalade. Si l'amour le plus profond et le plus tendre pouvait te rendre heureuse, tu devrais l'être.... Je suis accablé d'affaires.

Adieu, ma douce Joséphine; aimemoi, portetoi bien et pense souvent, souvent à moi.

Bonaparte.

LETTRE VII

À Joséphine, à Milan.

Brescia, le fructidor an iv (août).

Je pars à l'instant pour Vérone. J'avais espéré recevoir une lettre de toi; cela me met dans une inquiétude affreuse. Tu étais un peu malade lors de mon départ; je t'en prie, ne me laisse pas dans une pareille inquiétude. Tu m'avais promis plus d'exactitude; ta langue était cependant bien d'accord alors avec ton cœur... Toi, à qui la nature a donné douceur, aménité et tout ce qui plaît, comment peuxtu oublier celui qui t'aime avec tant de chaleur? Trois jours sans lettres de toi; je t'ai cependant écrit plusieurs fois. L'absence est horrible, les nuits sont longues, ennuyeuses et fades; la journée est monotone.

Aujourd'hui, seul avec les pensées, les travaux, les écritures, les hommes et leurs fastueux projets, je n'ai pas même un billet de toi que je puisse presser contre mon cœur.

Le quartier général est parti; je pars dans une heure. J'ai reçu cette nuit un exprès de Paris; il n'y avait pour toi que la lettre cijointe qui te fera plaisir.

Pense à moi, vis pour moi, sois souvent avec ton bienaimé et crois qu'il n'est pour lui qu'un seul malheur qui l'effraie, ce serait de n'être plus aimé de sa Joséphine. Mille baisers bien doux, bien tendres, bien exclusifs.

Fais partir de suite M. Monclas pour Vérone; je le placerai. Il faut qu'il soit arrivé avant le .

Bonaparte.

LETTRE VIII

À Joséphine, à Milan.

Ala, le fructidor an iv (septembre).

Nous sommes en pleine campagne, mon adorable amie; nous avons culbuté les postes ennemis; nous leur avons pris huit ou dix chevaux avec un pareil nombre de cavaliers. La troupe est très gaie et bien disposée. J'espère que nous ferons de bonnes affaires et que nous entrerons dans Trente le .

Point de lettres de toi; cela m'inquiète vraiment; l'on m'assure cependant que tu te portes bien et que même tu as été te promener au lac de Côme. J'attends tous les jours et avec impatience le courrier où tu m'apprendras de tes nouvelles; tu sais combien elles me sont chères. Je ne vis pas loin de toi; le bonheur de la vie est près de ma douce Joséphine. Pense à moi! Écrismoi souvent, bien souvent; c'est le seul remède à l'absence; elle est cruelle, mais sera, j'espère, momentanée.

Bonaparte.

LETTRE IX

À Joséphine, à Milan.

Montebello, le fructidor an iv, à midi (septembre).

L'ennemi a perdu, ma chère amie, dixhuit mille hommes prisonniers; le reste est tué ou blessé. Wurmser, avec une colonne de quinze cents chevaux et cinq mille hommes d'infanterie, n'a plus d'autre ressource que de se jeter dans Mantoue.

Jamais nous n'avons eu de succès aussi constants et aussi grands. L'Italie, le Frioul, le Tyrol sont assurés à la République. Il faut que l'empereur crée une seconde armée; artillerie, équipages de pont, bagages, tout est pris.

Sous peu de jours nous nous verrons; c'est la plus douce récompense de mes fatigues et de mes peines.

Mille baisers ardents et bien amoureux.

Bonaparte.

LETTRE X

À Joséphine, à Milan.

Ronco, le fructidor an iv, à heures du matin (septembre).

Je suis ici, ma chère Joséphine, depuis deux jours, mal couché, mal nourri et bien contrarié d'être loin de toi.

Wurmser est cerné; il a avec lui trois mille hommes de cavalerie et cinq mille hommes d'infanterie. Il est à PortoLegagno; il cherche à se retirer à Mantoue; mais cela lui devient désormais impossible. Dès l'instant que cette affaire sera terminée, je serai dans tes bras.

Je t'embrasse un million de fois.

Bonaparte.

LETTRE XI

À Joséphine, à Milan.

Vérone, premier Jour complémentaire an iv (le septembre).

Je t'écris, ma bonne amie, bien souvent, et toi peu. Tu es une méchante et une laide, bien laide, autant que tu es légère. Cela est perfide, tromper un pauvre mari, un tendre amant! Doitil perdre ses droits parce qu'il est loin, chargé de besogne, de fatigue et de peine? Sans sa Joséphine, sans l'assurance de son amour, que lui restetil sur la terre? Qu'y feraitil?

Nous avons eu hier une affaire très sanglante; l'ennemi a perdu beaucoup de monde et a été complètement battu. Nous lui avons pris le faubourg de Mantoue.

Adieu, adorable Joséphine; une de ces nuits, les portes s'ouvriront avec fracas: comme un jaloux, et me voilà dans tes bras.

Mille baisers amoureux.

Bonaparte.

LETTRE XII

À Joséphine, à Milan.

Modène, le vendémiaire an v, à heures du soir. (octobre).

J'ai été avanthier toute la journée en campagne. J'ai gardé hier le lit. La fièvre et un violent mal de tête, tout cela m'a empêché d'écrire à mon adorable amie; mais j'ai reçu ses lettres; je les ai pressées contre mon cœur et mes lèvres, et la douleur de l'absence, cent milles d'éloignement, ont disparu. Dans ce moment je t'ai vue près de moi, non capricieuse et fâchée, mais douce, tendre, avec cette onction de bonté qui est exclusivement le partage de ma Joséphine. C'était un rêve; juge si cela m'a guéri de la fièvre. Tes lettres sont froides comme cinquante ans, elles ressemblent à quinze ans de mariage. On y voit l'amitié et les sentiments de cet hiver de la vie. Fi! Joséphine!... C'est bien méchant, bien mauvais, bien traître à vous. Que vous restetil pour me rendre bien à plaindre? Ne plus m'aimer? Eh! c'est déjà fait. Me haïr? Eh bien! je le souhaite, tout avilit hors la haine; mais l'indifférence au pouls de marbre, à l'œil fixe, à la démarche monotone!...

Mille, mille baisers bien tendres, comme mon cœur.

Je me porte un peu mieux, je pars demain. Les Anglais évacuent la Méditerranée. La Corse est à nous. Bonne nouvelle pour la France et pour l'armée.

Bonaparte.

12

LETTRE XIII

À Joséphine, à Milan.

Vérone, le brumaire an v (novembre).

Je suis arrivé depuis avanthier à Vérone, ma bonne amie. Quoique fatigué, je suis bien portant, bien affairé et je t'aime toujours à la passion. Je monte à cheval.

Je t'embrasse mille fois.

Bonaparte.

LETTRE XIV

À Joséphine, à Milan.

Vérone, le frimaire an v (novembre).

Je ne t'aime plus du tout; au contraire, je te déteste. Tu es une vilaine, bien gauche, bien bête, bien cendrillon. Tu ne m'écris pas du tout, tu n'aimes pas ton mari; tu sais le plaisir que tes lettres lui font, et tu ne lui écris pas six lignes jetées au hasard.

Que faitesvous donc toute la journée, madame? Quelle affaire si importante vous ôte le temps d'écrire à votre bien bon amant? Quelle affection étouffe et met de côté l'amour, le tendre et constant amour que vous lui avez promis? Quel peut être ce merveilleux, ce nouvel amant qui absorbe tous vos instants, tyrannise vos journées et vous empêche de vous occuper de votre mari? Joséphine, prenezy garde, une belle nuit les portes enfoncées et me voilà.

En vérité, je suis inquiet, ma bonne amie, de ne pas recevoir de tes nouvelles; écrismoi vite quatre pages et de ces aimables choses qui remplissent mon cœur de sentiment et de plaisir.

J'espère qu'avant peu je te serrerai dans mes bras, et je te couvrirai d'un million de baisers brûlants comme sous l'équateur.

Bonaparte.

LETTRE XV

À Joséphine, à Milan.

Vérone, le frimaire an v (novembre).

J'espère bientôt, ma douce amie, être dans tes bras. Je t'aime à la fureur. J'écris à Paris par ce courrier. Tout va bien. Wurmser a été battu hier sous Mantoue. Il ne manque à ton mari que l'amour de Joséphine pour être heureux.

Bonaparte.

LETTRE XVI

À Joséphine, à Gênes.

Milan, le frimaire an v, à trois heures aprèsmidi (novembre).

J'arrive à Milan, je me précipite dans ton appartement, j'ai tout quitté pour te voir, te presser dans mes bras;... tu n'y étais pas: tu cours les villes avec des fêtes; tu t'éloignes de moi lorsque j'arrive, tu ne te soucies plus de ton cher Napoléon. Un caprice te l'a fait aimer, l'inconstance te le rend indifférent.

Accoutumé aux dangers, je sais le remède aux ennuis et aux maux de la vie. Le malheur que j'éprouve est incalculable; j'avais droit de n'y pas compter.

Je serai ici jusqu'au dans la journée. Ne te dérange pas; cours les plaisirs; le bonheur est fait pour toi. Le monde entier est trop heureux s'il peut te plaire, et ton mari seul est bien, bien malheureux.

Bonaparte.

LETTRE XVII

À Joséphine, à Gênes.

Milan, le frimaire an v, heures du soir (novembre).

Je reçois le courrier que Berthier avait expédié à Gênes. Tu n'as pas eu le temps de m'écrire, je le sens facilement. Environnée de plaisirs et de jeux, tu aurais tort de me faire le moindre sacrifice.

Berthier a bien voulu me montrer la lettre que tu lui as écrite. Mon intention n'est pas que tu déranges rien à tes calculs, ni aux parties de plaisir qui te sont offertes; je n'en vaux pas la peine et le bonheur ou le malheur d'un homme que tu n'aimes pas n'a pas le droit d'intéresser.

Pour moi, t'aimer seule, te rendre heureuse, ne rien faire qui puisse te contrarier, voilà le destin et le but de ma vie.

Sois heureuse, ne me reproche rien, ne t'intéresse pas à la félicité d'un homme qui ne vit que de ta vie, ne jouit que de tes plaisirs et de ton bonheur. Quand j'exige de toi un bonheur pareil au mien, j'ai tort: pourquoi vouloir que la dentelle pèse autant que l'or? Quand je te sacrifie tous mes désirs, toutes mes pensées, tous les instants de ma vie, j'obéis à l'ascendant que tes charmes, ton caractère et toute ta personne ont su prendre sur mon malheureux cœur. J'ai tort, si la nature ne m'a pas donné les attraits pour te captiver; mais ce que je mérite de la part de Joséphine ce sont des égards, de l'estime, car je l'aime à la fureur et uniquement.

Adieu, femme adorable; adieu, ma Joséphine. Puisse le sort concentrer dans mon cœur tous les chagrins et toutes les peines, mais qu'il donne à ma Joséphine des jours prospères et heureux. Qui le mérita plus qu'elle? Quand il sera constaté qu'elle ne peut plus aimer, je renfermerai ma douleur profonde, et je me contenterai de pouvoir lui être utile et bon à quelque chose.

Je rouvre ma lettre pour te donner un baiser... Ah! Joséphine!... Joséphine!...

Bonaparte.

LETTRE XVIII

À Joséphine, à Bologne.

Le pluviôse an v (février).

Tu es triste, tu es malade, tu ne m'écris plus, tu veux t'en aller à Paris. N'aimeraistu plus ton ami? Cette idée me rend malheureux. Ma douce amie, la vie est pour moi insupportable depuis que je suis instruit de ta tristesse.

Je m'empresse de t'envoyer Moscati, afin qu'il puisse te soigner. Ma santé est un peu faible; mon rhume dure toujours. Je te prie de te ménager, de m'aimer autant que je t'aime, et de m'écrire tous les jours. Mon inquiétude est sans égale.

J'ai dit à Moscati de t'accompagner à Ancône, si tu veux y venir. Je t'écrirai là pour te faire savoir où je suis.

Peutêtre feraije la paix avec le Pape et seraije bientôt près de toi; c'est le vœu le plus ardent de mon âme.

Je te donne cent baisers. Crois que rien n'égale mon amour, si ce n'est mon inquiétude. Écrismoi tous les jours toimême. Adieu, très chère amie.

Bonaparte.

LETTRE XIX

À Joséphine, à Bologne.

Tolentino, er ventôse an v (février).

La paix avec Rome vient d'être signée. Bologne, Ferrare, la Romagne sont cédées à la République. Le Pape nous donne millions dans peu de temps et des objets d'art.

Je pars demain matin pour Ancône, et, de là, pour Rimini, Ravenne et Bologne. Si ta santé ta le permet, viens à Rimini ou Ravenne; mais ménagetoi, je t'en conjure.

Pas un mot de ta main, bon Dieu! qu'aije donc fait? Ne penser qu'à toi, n'aimer que Joséphine, ne vivre que pour ma femme, ne jouir que du bonheur de mon amie, cela doitil me mériter de sa part un traitement si rigoureux? Mon amie, je t'en conjure, pense souvent à moi et écrismoi tous les jours. Tu es malade ou tu ne m'aimes pas! Croistu donc que mon cœur soit de marbre? Et mes peines t'intéressentelles si peu? Tu me connaîtrais bien mal! Je ne le puis croire. Toi, à qui la nature a donné l'esprit, la douceur et la beauté, toi qui seule pouvais régner dans mon cœur, toi qui sais trop, sans doute, l'empire absolu que tu as sur moi!

Écrismoi, pense à moi et aimemoi.

Pour la vie tout à toi,

Bonaparte.

LETTRES DE BONAPARTE

PREMIER CONSUL

LETTRE XX

À Joséphine, à Paris.

Le florial an viii (mai)

Je pars dans l'instant pour aller coucher à SaintMaurice. Je n'ai point reçu de lettres de toi, cela n'est pas bien; je t'ai écrit tous les courriers.

Eugène doit arriver aprèsdemain. Je suis un peu enrhumé, mais cela ne sera rien.

Mille choses tendres à toi, ma bonne petite Joséphine, et à tout ce qui t'appartient.

Bonaparte.

LETTRE XXI

À Joséphine, à Plombières.

Il fait si mauvais temps ici que je suis resté à Paris. Malmaison, sans toi, est trop triste. La fête a été belle, elle m'a un peu fatigué. Le vésicatoire que l'on m'a mis au bras me fait toujours souffrir beaucoup.

J'ai reçu pour toi, de Londres, des plantes que j'ai envoyées à ton jardinier. S'il fait aussi mauvais à Plombières qu'ici, tu souffriras beaucoup des eaux.

Mille choses aimables à maman et à Hortense.

Bonaparte.

LETTRE XXII

À Joséphine, à Plombières.

Malmaison, prairial an xi (juin).

Je n'ai pas encore reçu de tes nouvelles; je pense cependant que tu as déjà dû commencer à prendre les eaux. Nous sommes ici un peu tristes, quoique l'aimable fille fasse les honneurs de la maison à merveille. Je me sens depuis deux jours légèrement tourmenté de ma douleur. Le gros Eugène est arrivé hier au soir, il se porte à merveille.

Je t'aime comme le premier jour, parce que tu es bonne et aimable pardessus tout.

Hortense m'a dit qu'elle t'écrivait souvent.

Mille choses aimables, et un baiser d'amour. Tout à toi.

Bonaparte.

LETTRE XXIII

À Joséphine, à Plombières.

Malmaison, messidor an xi (juin).

J'ai reçu ta lettre, ma bonne petite Joséphine. Je vois avec peine que tu as souffert de la route; mais quelques jours de repos te feront du bien. Je suis assez bien portant. J'ai été hier à la chasse à Marly et je m'y suis blessé très légèrement à un doigt en tirant un sanglier.

Hortense se porte assez bien. Ton gros fils a été un peu malade, mais il va mieux. Je crois que ce soir ces dames jouent le Barbier de Séville. Le temps est très beau. Je te prie de croire que rien n'est plus vrai que les sentiments que j'ai pour ma petite Joséphine.

Tout à toi.

Bonaparte.

LETTRE XXIV

À Joséphine, à Plombières.

Malmaison, le messidor an xi (juin).

Ta lettre, bonne petite femme, m'a appris que tu étais incommodée. Corvisart m'a dit que c'était un bon signe, que les bains te feraient l'effet désiré et qu'ils te mettraient dans un bon état. Cependant, savoir que tu es souffrante est une peine sensible pour mon cœur.

J'ai été voir hier la manufacture de Sèvres et SaintCloud.

Mille choses aimables pour tous.

Pour la vie.

Bonaparte.

LETTRE XXV

À Joséphine, à Plombières.

Malmaison, messidor an xi (er juillet).

J'ai reçu ta lettre du messidor. Tu ne me parles pas de ta santé ni de l'effet des bains. Je vois que tu comptes être de retour dans huit jours; cela fait grand plaisir à ton ami qui s'ennuie d'être seul!...

Tu dois avoir vu le général Ney qui part pour Plombières: il se mariera à son retour.

Hortense a joué hier Rosine dans le Barbier de Séville avec son intelligence ordinaire.

Je te prie de croire que je t'aime et suis fort impatient de te revoir. Tout est triste ici sans toi.

Bonaparte.

LETTRES DE NAPOLÉON

EMPEREUR

LETTRE XXVI

À l'Impératrice, à AixlaChapelle.

Boulogne, le thermidor an xii (août).

Mon amie, j'espère apprendre bientôt que les eaux t'ont fait beaucoup de bien. Je suis peiné de toutes les contrariétés que tu as éprouvées. Je désire que tu m'écrives souvent. Ma santé est très bonne, quoique un peu fatiguée. Je serai sous peu de jours à Dunkerque, d'où je t'écrirai.

Eugène est parti pour Blois.

Je te couvre de baisers.

Napoléon.

LETTRE XXVII

À l'Impératrice, à AixlaChapelle.

Calais, thermidor an xii (août).

Mon amie, je suis à Calais depuis minuit; je pense en partir ce soir pour Dunkerque. Je suis content de ce que je vois et assez bien de santé. Je désire que les eaux te fassent autant de bien que m'en font le mouvement, la vue des camps et la mer.

Eugène est parti pour Blois. Hortense se porte bien. Louis est à Plombières.

Je désire beaucoup te voir. Tu es toujours nécessaire à mon bonheur. Mille choses aimables chez toi.

Napoléon.

LETTRE XXVIII

À Joséphine, à Strasbourg.

Louisbourg, vendémiaire an xiv (octobre).

Je pars à l'instant pour continuer ma marche. Tu seras, mon amie, cinq ou six jours sans avoir de mes nouvelles; ne t'en inquiète pas, cela tient aux opérations qui vont avoir lieu. Tout va bien, et comme je le pouvais espérer.

J'ai assisté ici à une noce du fils de l'électeur avec une nièce du roi de Prusse. Je désire donner une corbeille de trentesix mille à quarante mille francs à la jeune princesse. Faisla faire et envoiela par un de mes chambellans à la nouvelle mariée, lorsque ces chambellans viendront me rejoindre. Il faut que ce soit fait surlechamp.

Adieu, mon amie, je t'aime et t'embrasse.

Napoléon.

LETTRE XXIX

À l'Impératrice, à Strasbourg.

Augsbourg, le er brumaire an xiv (octobre).

Les deux dernières nuits m'ont bien reposé, et je vais partir demain pour Munich. Je mande M. Talleyrand et M. Maret près de moi; je les verrai peu et je vais me rendre sur l'Inn pour attaquer l'Autriche au sein de ses États héréditaires. J'aurais bien désiré te voir, mais ne compte pas que je t'appelle, à moins qu'il n'y ait un armistice ou des quartiers d'hiver.

Adieu, mon amie, mille baisers. Mes compliments à ces dames.

Napoléon.

LETTRE XXX

À l'Impératrice, à Strasbourg.

Munich, le dimanche brumaire an xiv (octobre).

J'ai reçu par Lemarois ta lettre. J'ai vu avec peine que tu t'étais trop inquiétée. L'on m'a donné des détails qui m'ont prouvé toute la tendresse que tu me portes; mais il faut plus de force et de confiance. J'avais d'ailleurs prévenu que je serais six jours sans l'écrire.

J'attends demain l'électeur. À midi je pars pour confirmer mon mouvement sur l'Inn. Ma santé est assez bonne. Il ne faut pas penser à passer le Rhin avant quinze ou vingt jours. Il faut être gaie, t'amuser, et espérer qu'avant la fin du mois nous nous verrons.

Je m'avance contre l'armée russe. Dans quelques jours j'aurai passé l'Inn.

Adieu, ma bonne amie, mille choses aimables à Hortense, à Eugène et aux deux Napoléon.

Garde la corbeille quelque temps encore.

J'ai donné hier aux dames de cette cour un concert. Le maître de chapelle est un homme de mérite.

J'ai chassé à une faisanderie de l'électeur: tu vois que je ne suis pas si fatigué.

M. de Talleyrand est arrivé.

Napoléon.